AF263752

DE
L'ACTION ÉLECTORALE
DU CLERGÉ

LETTRE D'UN VIEUX CURÉ
A SON ANCIEN VICAIRE

AUCH
IMPRIMERIE-COCHARAUX FRÈRES
IMPRIMEURS DE L'ARCHEVÊCHÉ

—

1891

DE
L'ACTION ÉLECTORALE
DU CLERGÉ

LETTRE D'UN VIEUX CURÉ

A SON ANCIEN VICAIRE

AUCH

IMPRIMERIE COCHARAUX FRÈRES

IMPRIMEURS DE L'ARCHEVÊCHÉ

1891

DE

L'ACTION ÉLECTORALE

DU CLERGÉ

Mon jeune ami,

Merci de votre souvenir ; d'année en année, de jour en jour, il me devient plus cher ; vous le comprendrez mieux, quand vous aurez vieilli vous-même.

Selon votre désir, je vous offre mes idées sur l'action électorale du Clergé.

Inspirées par l'Église, elles n'ont pas changé.

Aussi n'ai-je qu'à résumer nos causeries d'autrefois.

I.

Le Clergé doit-il voter? Est-il appelé à une influence électorale?

Citoyen, le prêtre a le même droit que ses concitoyens; et ce droit, qui n'a jamais été sérieusement contesté, reçoit de la dignité sacerdotale comme une sanction divine.

Le prêtre a la plus haute des missions : il parle à la terre au nom du Ciel, il enseigne ses frères, il féconde par les Sacrements leurs rapports avec Dieu et avec les hommes.

En démocratie, le vote n'est-il pas un des actes sociaux les plus importants, dès lors un de ceux sur lesquels le Clergé doit le plus répandre la lumière évangélique?

Le suffrage universel est le souverain de notre temps; il en fixe les destinées.

Le sort du pays dépendant des élections, le Clergé a le droit et le devoir d'exercer sur elles le plus d'influence possible.

II.

Comment se fait-il que sur ce terrain nous soyons généralement battus? Comment le suffrage universel combat-il d'ordinaire nos idées, qui sont cependant celles de la France?

Pour vaincre, il ne suffit pas d'avoir le nombre, le droit et même la vaillance. Que d'armées, ayant ces trois supériorités, ont été battues par des ennemis incomparablement inférieurs sous ces trois rapports!

La victoire n'est ni aux plus vertueux, ni aux plus vaillants, ni aux plus nombreux.

Elle est, d'ordinaire, aux plus habiles.

Les Romains, Alexandre et Napoléon ont triomphé du droit, du nombre et du courage, en un mot, de tous les éléments de succès conjurés contre eux.

L'armée des braves gens qu'inspire plus ou moins le Clergé, est la première par le nombre, le talent, les services, la naissance, la fortune et la considération. Elle comprend la plupart des illustrations, des supériorités et des distinctions.

Malgré tous nos éléments d'influence, nous sommes battus.

III.

Comment utiliser tous ces principes de force? Serait-ce par l'action directe du Clergé sur les élections? En un mot, devons-nous entrer dans les intrigues électorales, recommander nos candidats en particulier et en public, et accentuer aux yeux de tous nos préférences et nos antipathies?

Si cette conduite devenait générale, le Concordat serait immédiatement abrogé, la guerre religieuse éclaterait dans tout le pays, nos candidats seraient presque partout battus, aux cris mille fois répétés de : « Vive la Révolution! A bas l'ancien régime! »

Partielle, cette action directe peut être utile dans certaines circonscriptions électorales animées de sentiments exceptionnels ; mais d'ordinaire elle ne manquerait pas de produire des désordres en rapport avec son étendue.

On en voit la raison : les ennemis de la religion, et quelques-uns sont d'une extrême violence, soulèveraient contre nous les passions populaires; nos amis eux-mêmes gémiraient de nous voir mêlés à des luttes où seraient compromis notre caractère et notre mission; enfin, dans la bataille, serions-nous bien sûrs d'être toujours unis et de ne pas ajouter aux autres calamités le scandale de la division?

Des faits quotidiens ne cessent de proclamer, et avec une évidence de jour en jour plus éclatante, que, même chez nous, l'unité n'est possible que sur le terrain religieux; en nous en éloignant, à la remorque humiliante des partis, c'est-à-dire le plus souvent des intérêts personnels, nous serions des fléaux pour l'Église et pour la Patrie!

IV.

Où donc est la puissance électorale du Clergé?

Dans son action indirecte, mais aussi ardente que possible.

Sanctifions-nous! Voilà notre grande influence et la source du salut des peuples.

Soyons de plus en plus le sel de la terre et la lumière du monde, et nous verrons dans la transformation des âmes se réaliser les promesses de la Sainte-Écriture et de la tradition sur la fécondité de notre ministère. Pratiquons de plus en plus toutes les vertus sacerdotales, et nous y trouverons pour les autres et pour nous la lumière et la force.

Comme vicaires, curés ou aumôniers, nous sommes en rapports directs avec les âmes; pour les atteindre à tout âge, multiplions les associations; surtout, faisons bien nos prônes et nos catéchismes.

Comme professeurs, quelle influence nous exerçons sur le présent et sur l'avenir!

Si nous avons l'honneur d'être prédicateurs ou écrivains, notre mission est aussi bien étendue : servons-nous-en pour répandre la vérité catholique, nous rappelant que nous n'avons d'ordinaire grâce d'état que pour parler et pour écrire sur les choses certaines et les matières qui y préparent les esprits ou les cœurs.

Comment! nous avons en France cent mille chaires autour desquelles les foules nous écoutent à genoux; nous avons des multitudes d'écoles, de journaux et de revues, d'où notre parole retentit partout; nous sommes les dispensateurs de la vérité religieuse et des Sacrements qui donnent la force de la pratiquer; et, au lieu d'utiliser la première des influences, nous la compromettrions au milieu des luttes, souvent si misérables des partis! Nous, les intermédiaires entre le ciel et la terre, chargés de pleurer entre le vestibule et l'autel, de prier, de bénir et d'absoudre, nous nous abais-

*

serions jusqu'à distribuer des bulletins de vote, à discuter sur les places publiques les mérites des candidats et à nous mêler aux intrigues qu'ils représentent!

Oh! *sursum corda!* Dépositaires de la puissance de Dieu créateur, de Dieu rédempteur, de Dieu sanctificateur, restons sur les sommets d'où nous devons attirer les bénédictions sur le monde; agissons sur les hommes en les éclairant, en les édifiant, surtout en priant pour eux; et, devenus meilleurs, ils obéiront à leur conscience, en votant pour les plus dignes; ils marcheront avec nous d'autant plus volontiers que nous les y engagerons moins : notre sainte vie et les vertus que nous aurons inspirées seront la plus décisive des influences électorales; pour l'acquérir, nous n'aurons rien fait, ni même rien dit : elle rayonnera de notre vie comme la lumière rayonne du soleil.

Ah! mon cher ami, là sont l'habileté et la puissance, parce que là est la conformité aux paroles de Notre-Seigneur : *Quœrite primum regnum Dei et justitiam ejus et hœc omnia adjicientur vobis;* avant tout, soyez catholiques et vous aurez tous les biens.

« L'auteur du *Discours sur l'histoire universelle,* dit M. de Chateaubriand, trouvait ses chartes dans le Ciel » et y puisait l'inspiration de tant d'œuvres immortelles.

Ces paroles mémorables de notre Sauveur sont la charte politique : elles proclament la seule fin digne de nos efforts et en assurent le triomphe.

Il est d'ailleurs même humainement facile à prévoir.

Si, n'ayant d'autre tactique dans les élections que la fidélité au programme divin, nous sommes avant tout catholiques, ne formerons-nous pas des milieux avant tout catholiques? Là seront les éléments de la grande union religieuse, dont nous devons être les fondateurs.

C'est parce qu'elle n'a jamais existé que nous avons toujours été battus.

Depuis vingt-ans, on a été monarchiste ou républicain, on s'est divisé et subdivisé en fractions de ces partis; mais y a-t-il eu, y a-t-il aujourd'hui un parti exclusivement catholique ?

D'ailleurs, ces termes de parti catholique, aussi contraires à la grammaire qu'à l'esprit de l'Église, n'expriment la politique chrétienne d'aucune époque.

Le Catholicisme est bien au-dessus de tous les partis! Dans la région des idées, il est la plus haute pensée religieuse qui ait paru sur la terre; dans la région des personnes, il comprend les bonnes volontés de tous les temps et de tous les pays.

A nous de les rendre plus nombreuses et plus surnaturelles. D'elles-mêmes, elles se grouperont dans l'union catholique, qui sera d'autant plus puissante que l'influence de nos vertus aura rendu l'accord plus intime dans la poursuite des biens célestes.

Aujourd'hui, encore plus qu'à l'ouverture des États-Généraux, la Révolution est partout. Comment la diriger? Par l'adhésion pratique à la vérité : *Veritas liberabit vos.*

Espère-t-on, en s'annihilant dans des discussions irritantes sur les dynasties et les formes politiques, arrêter un torrent qui menace de tout emporter ?

Rappelons-nous le passé : 1789 est le père de 1793 ; la division, c'est-à-dire l'égoïsme, a amené les crimes et les catastrophes !

Ces questions sont en elles-mêmes fort intéressantes.

Mais, en ce moment, ne sont-elles pas inopportunes ?

Que penseriez-vous de trois frères forts et courageux, qui, assaillis dans leur maison par deux assassins, au lieu de s'unir pour la défendre, choisiraient cet instant terrible pour plaider sur leurs droits à la posséder?

Ainsi divisés et affaiblis, ils se laisseraient piller et égorger, et l'incendie du toit paternel serait le dernier spectacle de leurs regards expirants !

C'est l'histoire de nos pères, il y a un siècle ; elle sera la nôtre demain, si nous n'offrons à la question ouvrière et à toutes les autres la seule solution : la christianisation de la société.

V.

Tel est, mon cher ami, la véritable action
électorale du Clergé ; elle n'offre aucun incon-
vénient, ne blesse personne et ne peut qu'être
approuvée de tous ; il n'y a pas un franc-
maçon, pas un musulman qui ne soit obligé
de l'admirer.

Elle n'a, d'ailleurs, rien de nouveau, nos
livres saints et la tradition ne cessant de dire :
« Plus le Clergé rendra les peuples religieux,
plus ils seront heureux. »

L'expérience, hélas ! confirme douloureuse-
ment mes prévisions sur notre action directe
dans les élections ; mais si vous les jugiez
pessimistes, comme le sont les pensées des
vieillards, si vous doutiez du bouleversement
qu'amènerait en France l'immixtion du Clergé
dans les luttes électorales, vous devez au
moins trembler devant les conséquences sui-
vantes :

1° Les représailles de nos gouvernants

seraient terribles ; 2° l'irritation générale affaiblirait l'esprit religieux ; 3° un grand nombre de chrétiens déserteraient les églises et mourraient sans Sacrements !

Les parents et les amis d'un candidat vaincu et même combattu par un prêtre seront toujours les ennemis de l'Église.

Qui pourrait dire les suites de cette haine ?

Ah ! mon cher ami, luttons contre l'esprit révolutionnaire par l'instruction chrétienne et les Sacrements.

Combien ces armes, déposées entre nos mains par Notre-Seigneur lui-même, sont plus puissantes que les intrigues, même les mieux ourdies, où rien ne nous assure le secours d'en Haut !

Tandis qu'on se compromet, en inondant le pays de circulaires, de comités et de programmes qui se contredisent, devenons saints ! Là est l'universelle et unique solution.

Comme elle nous élève au-dessus de toutes les terreurs et des expédients vulgaires !

On dit : « Nous sommes dans le siècle de

la Révolution ; la démocratie, le socialisme coulent à pleins bords. »

Est-ce que la pratique de la religion ne répond pas merveilleusement à toutes les légitimes aspirations ? Le Progrès est le but de la Révolution : or, l'idéal du chrétien n'est-ce pas le progrès sous tous les rapports ?

Quelle est l'idée caractéristique de la démocratie ? C'est la liberté. Or, qui représente la liberté comme le chrétien ?

La fraternité et l'égalité ne sont-elles pas le rêve du socialisme ? Or, où est-il réalisé en dehors du Christianisme ?

Aussi, la réponse aux problèmes soulevés par la Révolution, la démocratie et le socialisme, n'est ni dans la République, ni dans la Monarchie, ni dans l'Empire, mais dans la religion.

Les modifications dans les partis politiques, dont nous sommes témoins depuis vingt ans, les adhésions ou les oppositions à la République ou à la Monarchie, n'ont qu'une importance secondaire.

Le véritable duel n'est pas entre ces formes gouvernementales, continuation de l'éternelle lutte de la vérité et de l'erreur, du Christ et des faux dieux, il est entre l'Église et la franc-maçonnerie.

Au premier siècle, il y avait aussi des questions politiques; Notre-Seigneur et les apôtres n'en parlèrent même pas !

Comment luttaient-ils contre Tibère ? Ils engageaient leurs auditeurs à pratiquer la Religion.

En ne faisant pas nous-mêmes d'autres recommandations, nous ne blessons personne, nous améliorons tout le monde.

N'est-ce pas là l'idéal ?

Nos manifestations politiques ne modifient aucune opinion : elles ne font que diviser et irriter.

Oh! ne nous compromettons jamais dans les choses douteuses; en restant toujours dans les choses certaines, nous illuminons, nous fécondons les unes et les autres.

A l'exemple de l'Église, profitons de tous

et de tout pour le salut des âmes, appliquant la vieille maxime, exceptionnellement utile en ce moment : « Le bien ne fait pas de bruit, et le bruit ne fait pas de bien. »

Le bruit, excité d'ordinaire en dehors de l'autorité, flatte la vanité de son auteur, passionne les partis et attriste les honnêtes gens, parce qu'il multiplie les difficultés.

Au contraire, le bien inspiré par la conscience, sous la direction des supérieurs, ne cherche que le regard de Dieu.

Les vrais chrétiens, à l'exemple des saints, fuient l'éclat ; s'il est nécessaire, ils s'y résignent, comme Jeanne d'Arc, Mgr Affre et le clergé de Fourmies.

Que d'œuvres admirables, aussi utiles qu'obscures, nos moindres ministères nous mettent à même d'accomplir tous les jours !

Qui a fait plus de bien et moins de bruit que S. François de Sales et S. Vincent-de-Paul ?

Leur glorieux souvenir est immortel, tandis que sont profondément oubliées, depuis leur disparition, tant de célébrités tapageuses, dont la lueur éphémère, loin d'éclairer, a troublé, compromis et désorienté.

Quand on aime chrétiennement, on dit la vérité religieuse avec tant de suavité et de force que d'ordinaire non seulement elle ne blesse pas, mais elle charme jusqu'aux plus hostiles à son action.

VI.

Les lieux eux-mêmes où nous disions ces choses, mon cher ami, les symbolisaient à notre regard ému.

Nous étions sur la terrasse de l'ancien monastère, transformé en presbytère; nous jouissions d'une vue ravissante sur la plaine, le fleuve, les vallées et les coteaux; la gare de S... et les trains apparaissaient dans le lointain, rappelant à nos campagnes le mouvement des villes et leur civilisation; enfin, au-dessus de ce spectacle, nous saluions les horizons du pays natal, avec ses souvenirs, ses réalités et ses espérances.

Quelle était, au milieu de ces beaux sites, la vie de tant de choses grandes et suaves qui enchantaient nos soirées d'automne ?

La terrasse où nous causions ayant une vue dans l'église, la lampe du Saint-Sacrement nous éclairait ; sa lumière, unie parfois à celle de la lune, en transfigurait les charmes : nous savourions une atmosphère de prière, de poésie et de paix, qui enveloppait tout le paysage comme d'une bénédiction.

Notre-Seigneur était ainsi l'âme de toutes ces harmonies et inspirait nos entretiens.

Ah! sans ce rayon divin, combien la nature, la civilisation et la famille sont pâles et décolorées !

Faisons-le comprendre aux âmes qui nous sont confiées et auxquelles Notre-Seigneur nous a chargés d'enseigner, non la Monarchie ou la République, mais le chemin du Ciel.

En un mot, formons des chrétiens et nous aurons des citoyens.

On entend dire parfois : « Le Clergé ne
« demande qu'à marcher ; il attend des chefs
« qui se mettent à sa tête. »

Est-ce que les bonnes œuvres n'offrent pas
le plus vaste des champs de bataille ? Combattons-y le démon dans la franc-maçonnerie.
Est-ce que nous n'avons pas à notre tête
tous nos Évêques, nous guidant avec autant
d'ardeur que de prudence et d'unité ? Est-ce
que le Saint-Père n'est pas pour nous un incomparable généralissime dans cette grande
lutte du bien contre le mal ?

Suivons-les en intrépides soldats, disposés
à mourir à notre poste, martyrs ignorés de
nos obligations de chaque jour.

Qu'ont fait les premiers chrétiens pour
sauver le monde ? Ont-ils rêvé des révolutions
contre les plus détestables gouvernements de
l'histoire ? Ils se sont sanctifiés et ont ainsi
renversé tous les despotismes. Imitons-les et
nous obtiendrons le bien compatible avec
l'infirmité humaine.

Il m'est d'autant plus doux, mon cher et

ancien vicaire, de vous dire ces choses, qu'y reconnaissant l'esprit de l'Église, vous les pratiquez mieux vous-même.

Appelé à un poste important, vous vous en êtes montré digne, en restant, dès votre arrivée, en dehors des partis et en vous donnant à tous vos paroissiens, surtout aux pécheurs, aux malades, aux enfants et aux pauvres.

On a bien vite compris que vous étiez l'homme de Dieu, ne cherchant qu'à renverser un gouvernement, celui de Satan, et à fonder un royaume, celui de Notre-Seigneur.

Aussi obtenez-vous peu à peu l'union, parce que vous ne la cherchez que sur le seul terrain où elle est possible, la vérité religieuse.

Vous ne combattez ni ne soutenez aucune opinion politique; aidé de la grâce, vous ne combattez que le péché, vous ne soutenez que la vertu.

Vous n'avez jamais dit à personne pour qui vous votiez; mais tous le devinent et la plupart votent comme vous.

Sans doute, vous n'avez pas obtenu et vous n'obtiendrez jamais tout le bien que vous ambitionnez. Mais, en marchant dans cette voie, vous sauvez votre paroisse : que tous vous suivent; et, le Clergé se conformant de plus en plus aux leçons et aux exemples de Notre-Seigneur et de l'Église, la France sera sauvée!

Je vous renouvelle, mon enfant, mes meilleurs souvenirs et sentiments en Notre-Seigneur.

AUCH. — IMPRIMERIE COCHARAUX FRÈRES.
Imprimeurs de l'Archevêché. — 6.-91.